Impressum
Verlag: BABADADA GmbH, Nedderfeld 112 , 22529 Hamburg
Geschäftsführer / Verlagsleitung: Harald Hof
Druck: Books on Demand GmbH, In de Tarpen 42, 22848 Norderstedt

Imprint
Publisher: BABADADA GmbH, Nedderfeld 112 , 22529 Hamburg, Germany
Managing Director / Publishing direction: Harald Hof
Print: Books on Demand GmbH, In de Tarpen 42, 22848 Norderstedt

məktəb

école

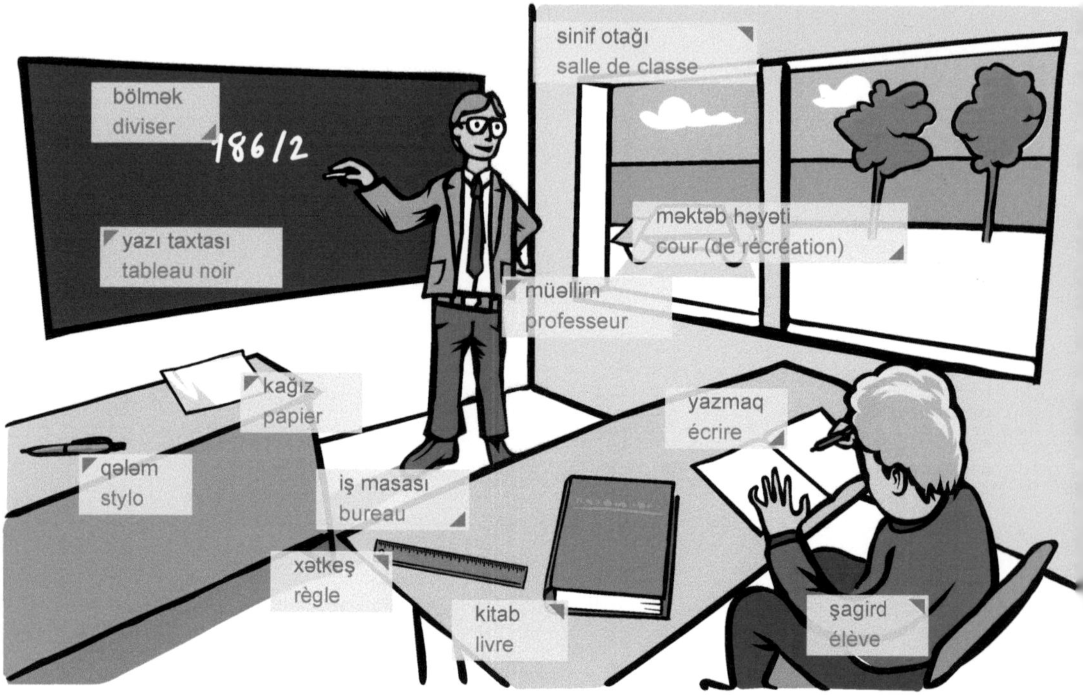
sinif otağı
salle de classe
bölmək
diviser
186/2
yazı taxtası
tableau noir
məktəb həyəti
cour (de récréation)
müəllim
professeur
kağız
papier
yazmaq
écrire
qələm
stylo
iş masası
bureau
xətkeş
règle
kitab
livre
şagird
élève

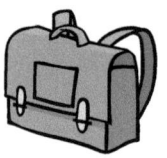

məktəbli çantası

cartable

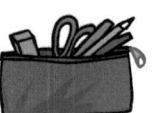

karandaş qabı

trousse

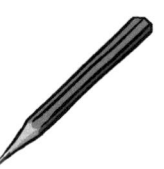

karandaş

crayon

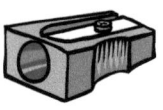

karandaş yonan

taille-crayon

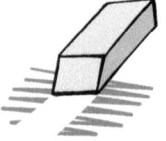

pozan

gomme

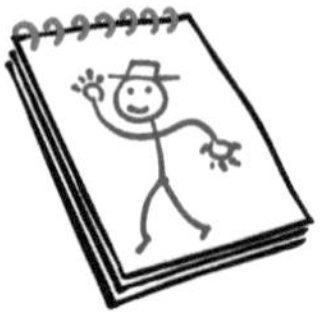

rəsm albomu

carnet à dessin

rəsm
dessin

boya fırçası
pinceau

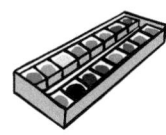

boya qutusu
boîte de peinture

qayçı
ciseaux

yapışdırıcı
colle

dəftər
cahier d'exercices

ev tapşırığı
devoirs

say
chiffre

əlavə etmək
additionner

çıxmaq
soustraire

vurmaq
multiplier

hesablamaq
calculer

hərf
lettre

əlifba
alphabet

söz
mot

mətn

texte

oxumaq

lire

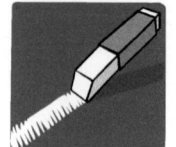

tabaşir

craie

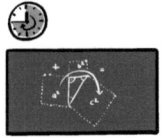

dərs

leçon

sinif jurnalı

livre de classe

imtahan

examen

təhsil haqqında sənəd

certificat

məktəb uniforması

uniforme scolaire

təhsil

formation

ensiklopediya

lexique

universitet

université

mikroskop

microscope

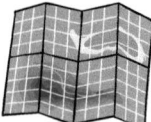

xəritə

carte

zibil qutusu

corbeille à papier

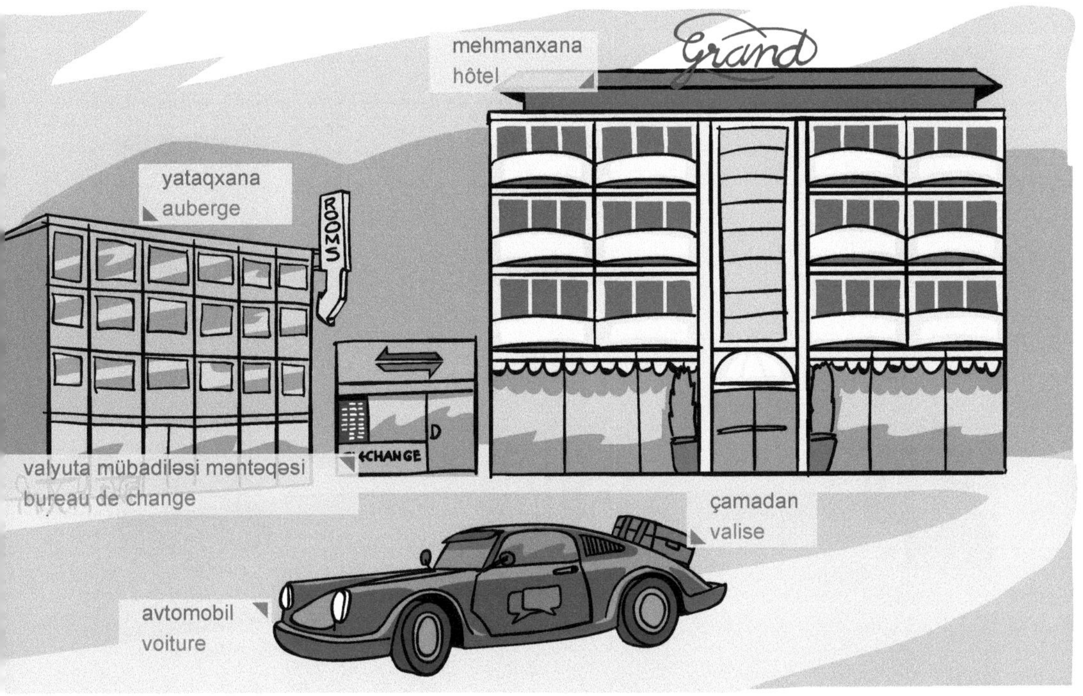
mehmanxana
hôtel
Grand
yataqxana
auberge
ROOMS
valyuta mübadiləsi məntəqəsi
bureau de change
CHANGE
çamadan
valise
avtomobil
voiture

dil

langue

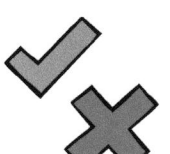

bəli/xeyr

oui / non

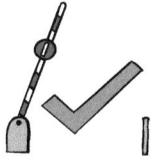

oldu

d'accord

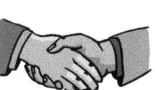

salam

Salut

tərcüməçi

interprète

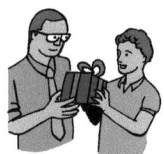

Təşəkkür edirəm

merci

giyməti nə qədərdir ...?

Combien coûte...?

mən başa düşmürəm

Je ne comprends pas

problem

problème

Axşamınız xeyir!

Bonsoir !

Sabahınız xeyir!

Bonjour !

Gecəniz xeyrə galsin!

Bonne nuit !

hələlik

Au revoir

istiqamət

direction

baqaj

bagages

torba

sac

kürək çantası

sac-à-dos

qonaq

hôte

otaq

pièce

yataq-çuval

sac de couchage

çadır

tente

səyahət - voyage

turistlər üçün məlumat

office de tourisme

çimərlik

plage

kredit kartı

carte de crédit

səhər yeməyi

petit-déjeuner

günorta yeməyi

déjeuner

nahar yeməyi

dîner

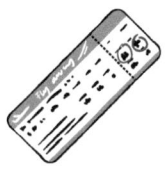

bilet

billet

lift

ascenseur

poçt markası

timbre

sərhəd

frontière

gömrük

douane

səfirlik

ambassade

viza

visa

pasport

passeport

səyahət - voyage

nəqliyyat
transport

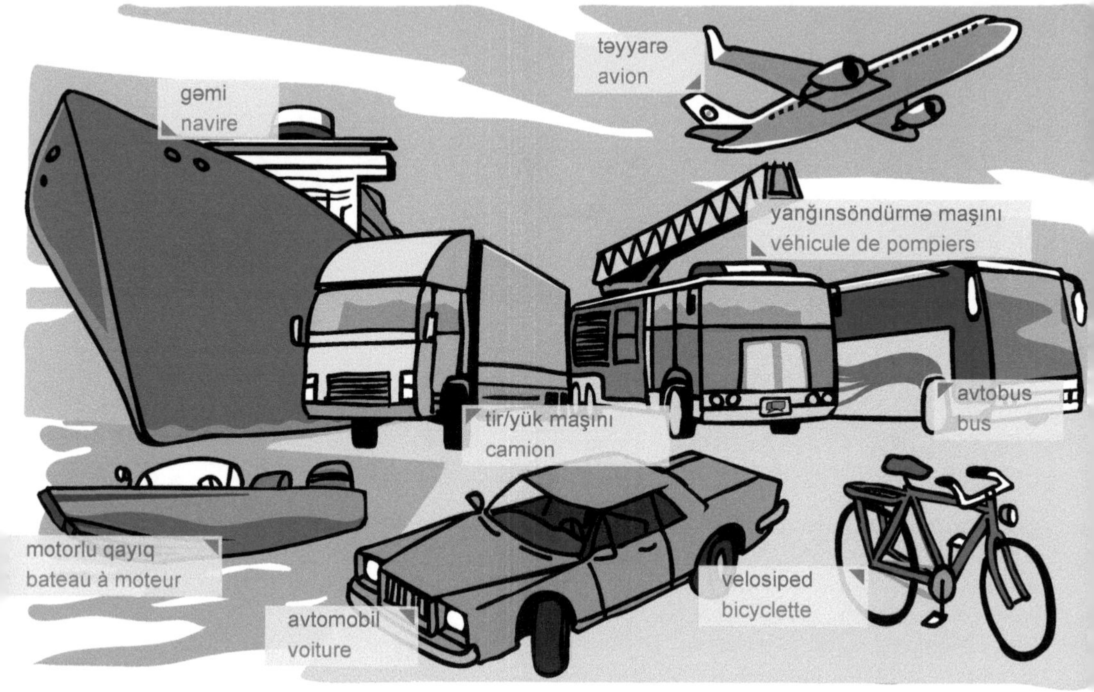

təyyarə
avion
gəmi
navire
yanğınsöndürmə maşını
véhicule de pompiers
avtobus
bus
tir/yük maşını
camion
motorlu qayıq
bateau à moteur
velosiped
bicyclette
avtomobil
voiture

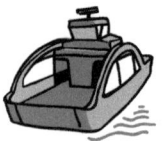

bərə

ferry

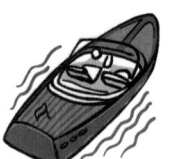

qayıq

barque

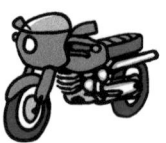

motosiklet

moto

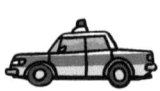

polis avtomobili

voiture de police

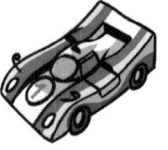

yarış avtomobili

voiture de course

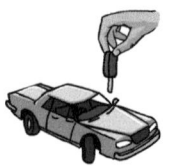

icarə avtomobili

voiture de location

avtomobil icarəsi

auto-partage

texniki yardım maşını

voiture de remorquage

zibil maşını

benne à ordures

mühərrik

moteur

yanacaq

essence

benzin doldurma məntəqəsi

station d'essence

yol nişanı

panneau indicateur

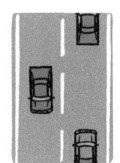

yol hərəkəti

trafic

tıxac

embouteillage

avtomobil dayanacağı

parking

dəmir yolu stansiyası

gare

dəmiryol

rails

qatar

train

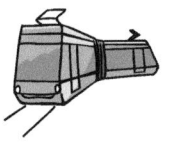

tramvay

tramway

vaqon

wagon

helikopter

hélicoptère

hava limanı

aéroport

qüllə

tour

sərnişin

passager

konteyner

conteneur

karton qutu

carton

əl arabası

chariot

səbət

corbeille

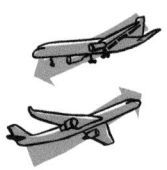

qalxmaq / enmək

décoller / atterrir

şəhər

ville

kənd

village

şəhər mərkəzi

centre-ville

ev

maison

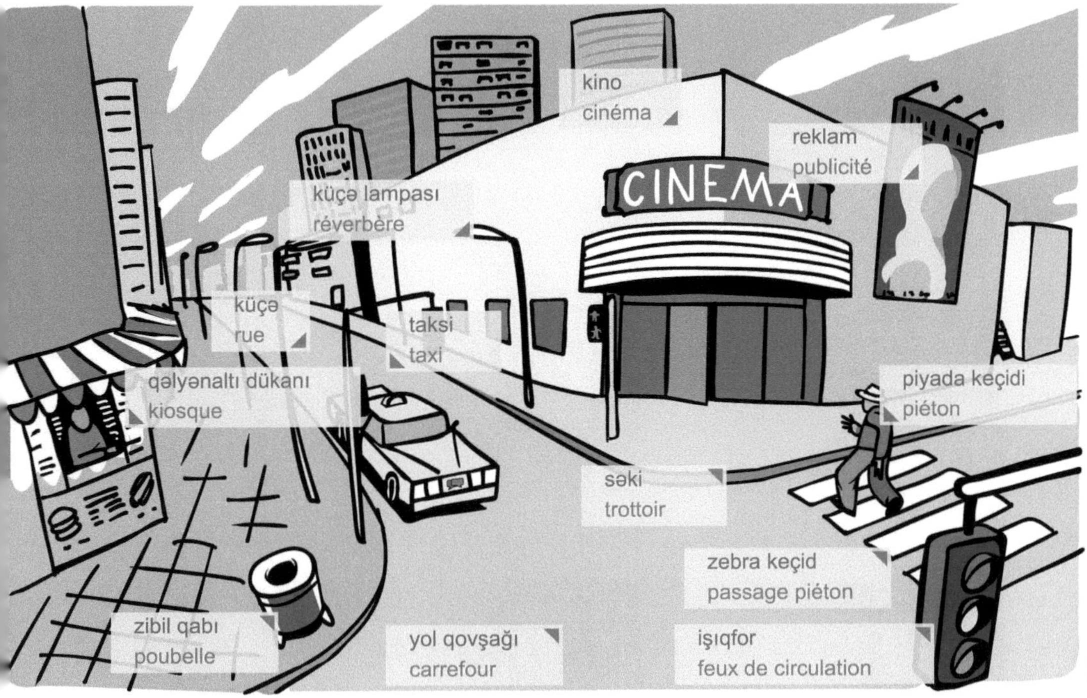

kino
cinéma

reklam
publicité

küçə lampası
réverbère

küçə
rue

taksi
taxi

piyada keçidi
piéton

qəlyənaltı dükanı
kiosque

CINEMA

səki
trottoir

zebra keçid
passage piéton

zibil qabı
poubelle

yol qovşağı
carrefour

işıqfor
feux de circulation

daxma

cabane

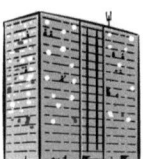

mənzil

appartement

dəmir yolu stansiyası

gare

bələdiyyə binası

mairie

muzey

musée

məktəb

école

universitet

université

bank

banque

xəstəxana

hôpital

mehmanxana

hôtel

aptek

pharmacie

ofis

bureau

kitab dükkanı

librairie

dükan

magasin

çiçək dükanı

fleuriste

supermarket

supermarché

bazar

marché

univermaq

grand magasin

balıq satıcısı

poissonnerie

ticarət mərkəzi

centre commercial

liman

port

park
parc

oturacaq
banque

körpü
pont

pilləkən
escaliers

metro
métro

tunel
tunnel

avtobus dayanacağı
arrêt de bus

bar
bar

restoran
restaurant

poçt qutusu
boîte à lettres

küçə nişanı
panneau indicateur

parkinq sayğacı
parcmètre

zoopark
zoo

üzgüçülük hovuzu
piscine

məscid
mosquée

şəhər - ville

13

ferma

ferme

ətraf mühitin çirklənməsi

pollution

məzarlıq

cimetière

kilsə

église

oyun meydançası

aire de jeux

məbəd

temple

mənzərə

paysage

yarpaq
feuille

yol nişanı
panneau indicateur

yol
chemin

çəmən
pré

daş
pierre

piyada səyyah
randonneur

ağac
arbre

çay
rivière

ot
herbe

gül
fleur

vadi
vallée

təpə
montagne

göl
lac

meşə
forêt

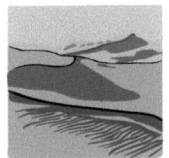

səhra
désert

vulkan
volcan

qəsr
château

göy qurşağı
arc-en-ciel

göbələk
champignon

palma
palmier

ağcaqanad
moustique

milçək
mouche

qarışqa
fourmis

arı
abeille

hörümçək
araignée

böcək
·················
coléoptère

qurbağa
·················
grenouille

dələ
·················
écureuil

kirpi
·················
hérisson

dovşan
·················
lièvre

bayquş
·················
chouette

quş
·················
oiseau

qu quşu
·················
cygne

qaban
·················
sanglier

maral
·················
cerf

sığın
·················
élan

su bəndi
·················
barrage

külək turbini
·················
éolienne

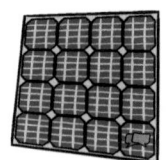

günəş batareyası
·················
panneau solaire

iqlim
·················
climat

ofisiant
serveur

menyu
menu

kreslo
chaise

şorba
soupe

pizza
pizza

bıçaq, çəngəl, qaşıq
couverts

süfrə
nappe

məzə

hors d'œuvre

əsas yemək

plat principal

desert

dessert

içkilər

boissons

yemək

alimentation

şüşə

bouteille

fast food
fast-food

küçə yeməkləri
plats à emporter

çaynik
théière

qəndqabı
sucrier

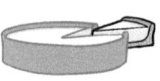

pay
portion

espresso maşını
machine à expresso

hündür uşaq kreslosu
chaise haute

faktura
facture

nimçə
plateau

bıçaq
couteau

çəngəl
fourchette

qaşıq
cuillère

çay qaşığı
cuillère à thé

salfet
serviette

şüşə
verre

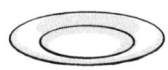

boşqab

assiette

şorba boşqabı

assiette à soupe

nəlbəki

soucoupe

sous

sauce

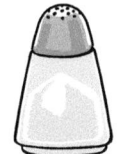

duz qabı

salière

bibərüyüdən

moulin à poivre

sirkə

vinaigre

duru yağ

huile

ədviyyat

épices

ketçup

ketchup

xardal

moutarde

mayonez

mayonnaise

supermarket

supermarché

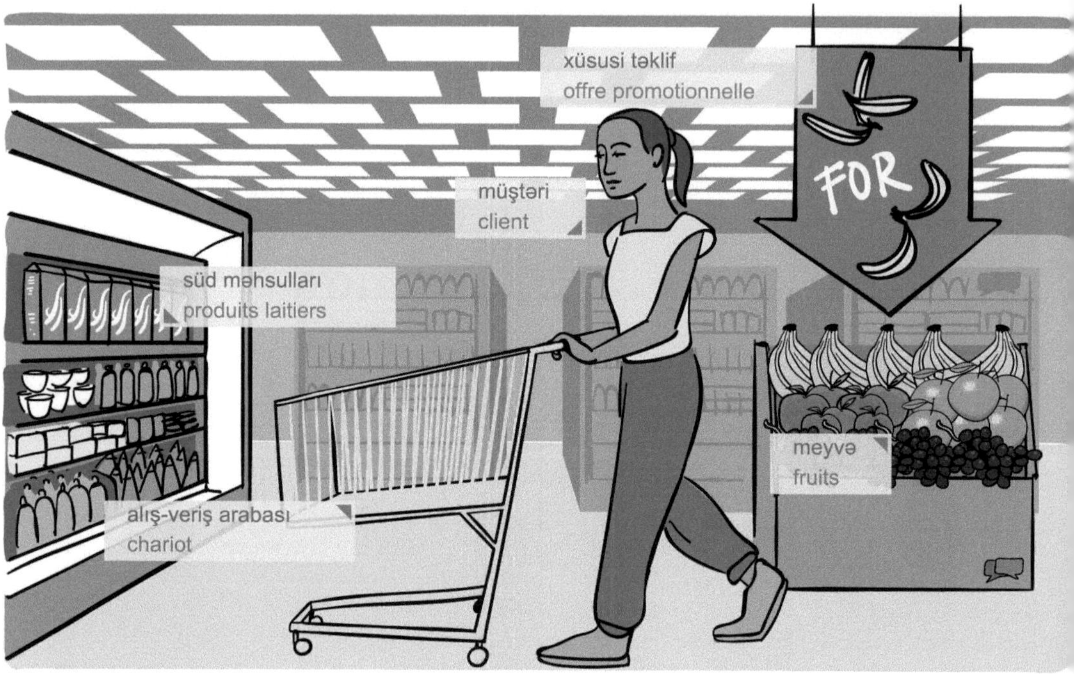

xüsusi təklif
offre promotionnelle
FOR
müştəri
client
süd məhsulları
produits laitiers
meyvə
fruits
alış-veriş arabası
chariot

BUTCHERS

qəssab dükanı

boucherie

BAKERY

çörəkçi

boulangerie

çəkmək

peser

tərəvəz

légumes

ət

viande

dondurulmuş qida

aliments surgelés

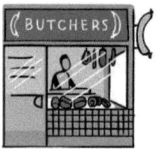

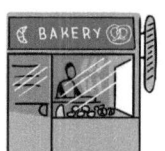

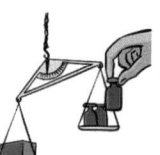

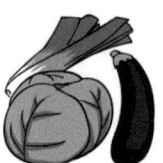

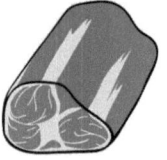

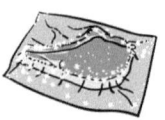

soyuq ət yeməyi
charcuterie

konservləşdirilmiş qida
conserves

yuyucu toz
poudre à lessive

şirniyyat
bonbons

təsərrüfat malları
articles ménagers

yuyucu vasitələr
détergents

satıcı
vendeuse

kassa
caisse

kassir
caissier

alış-veriş siyahısı
liste d'achats

iş saatları
heures d'ouverture

pul kisəsi
portefeuille

kredit kartı
carte de crédit

torba
sac

plastik torba
sac en plastique

su

eau

şirə

jus de fruit

süd

lait

cola

coca

şərab

vin

pivə

bière

alkoqollu içkilər

alcool

kakao

chocolat chaud

çay

thé

qəhvə

café

espresso

expresso

kapuçino

cappuccino

banan

banane

alma

pomme

portağal

orange

yemiş

melon

limon

citron

yerkökü

carotte

sarımsaq

ail

bambuq

bambou

soğan

oignon

göbələk

champignon

qoz-fındıq

noisettes

əriştə

pâtes

spagetti

spaghetti

düyü

riz

salat

salade

cips

pommes frites

qızardılmış kartof

pommes de terre rôties

pizza

pizza

hamburger

hamburger

sandviç

sandwich

eskalop

escalope

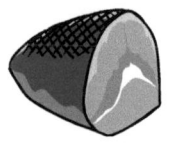

hisə verilmiş donuz əti

jambon

salyami

salami

kolbasa

saucisse

toyuq

poulet

qızardılmış ət tikəsi

rôti

balıq

poisson

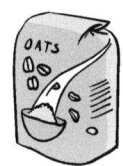

yulaf yarması

flocons d'avoine

müsli

muesli

partlaq qarğıdalı

cornflakes

un

farine

kruassan

croissant

bulka

petits-pains

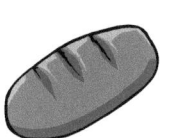

çörək

pain

tost

pain grillé

peçenye

biscuits

kərə yağı

beurre

kəsmik

le fromage blanc

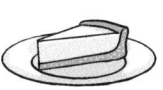

tort

gâteau

yumurta

œuf

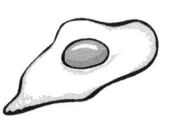

qayğanaq

œuf au plat

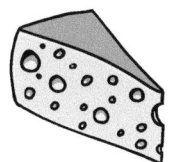

pendir

fromage

dondurma

glace

şəkər

sucre

bal

miel

mürəbbə

confiture

şokolad pastası

crème nougat

köri

curry

ferma
ferme

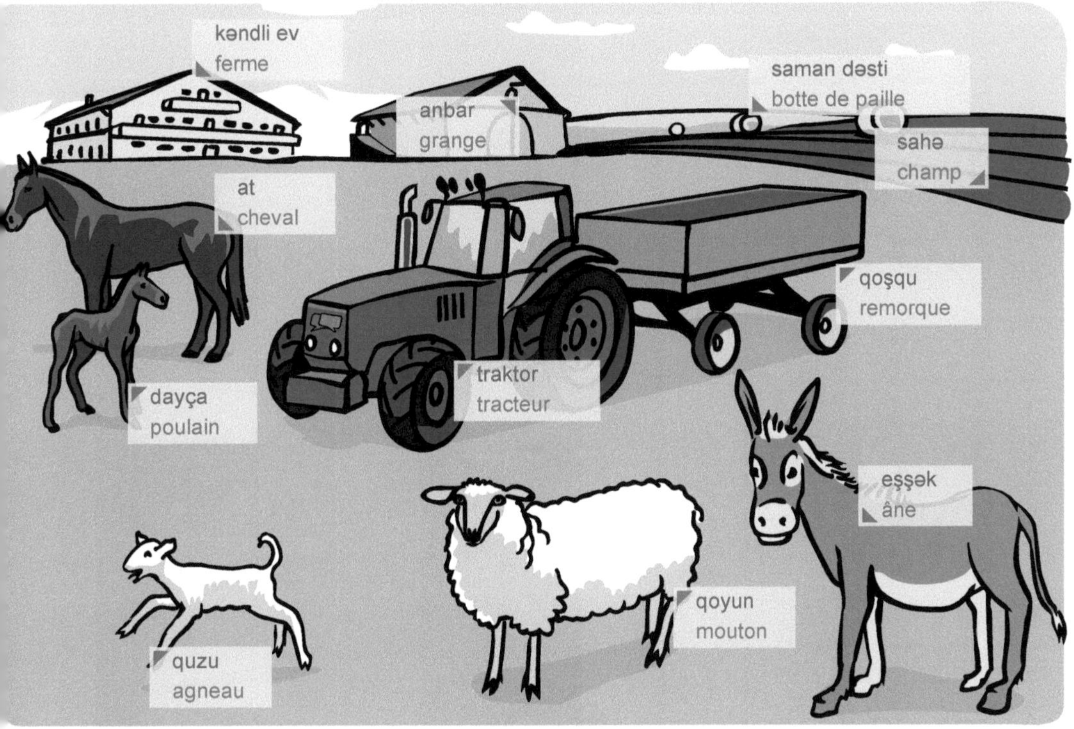
kəndli ev
ferme
anbar
grange
saman dəsti
botte de paille
sahə
champ
at
cheval
qoşqu
remorque
traktor
tracteur
dayça
poulain
eşşək
âne
qoyun
mouton
quzu
agneau

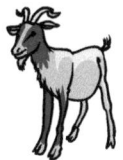

keçi
chèvre

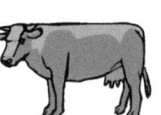

inək
vache

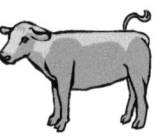

dana
veau

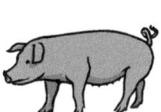

donuz
porc

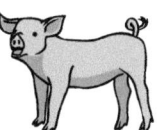

donuz balası
porcelet

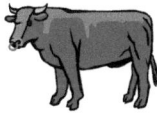

öküz
taureau

qaz

oie

ördək

canard

cücə

poussin

toyuq

poule

xoruz

coq

siçovul

rat

pişik

chat

siçan

souris

öküz

bœuf

it

chien

itdamı

chenil

bağ şlanqı

tuyau de jardin

susəpən

arrosoir

dəryaz

faucheuse

kotan

charrue

oraq
faucille

kətman
pioche

yaba
fourche

balta
hache

əl arabası
brouette

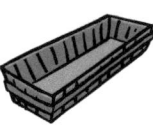

çalov
cuve

süd bidonu
pot à lait

çuval
sac

çəpər
clôture

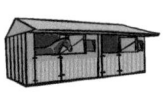

tövlə
étable

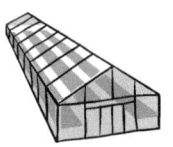

istixana
serre

torpaq
sol

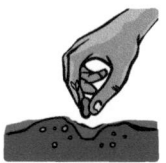

toxum
semences

gübrə
engrais

taxılbiçən kombayn
moissonneuse-batteuse

məhsul yığmaq

récolter

məhsul yığımı

récolte

yam

igname

buğda

blé

soya

soja

kartof

pomme de terre

dən

maïs

raps

colza

meyvə ağacı

arbre fruitier

maniok

manioc

yarma

céréales

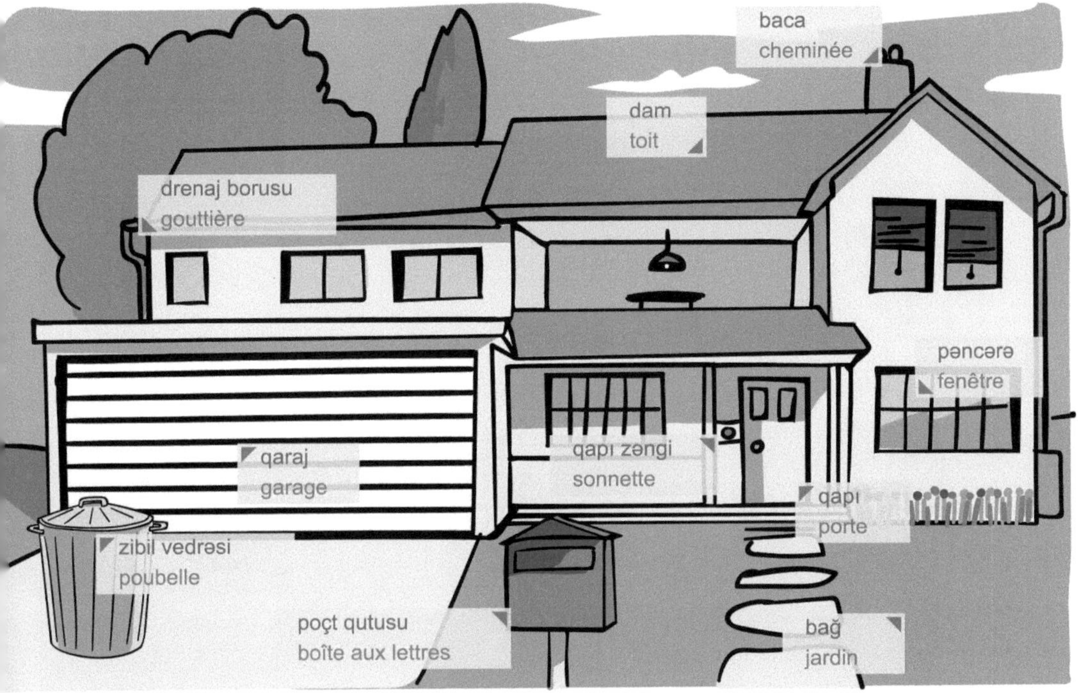

baca
cheminée

dam
toit

drenaj borusu
gouttière

pəncərə
fenêtre

qaraj
garage

qapı zəngi
sonnette

qapı
porte

zibil vedrəsi
poubelle

poçt qutusu
boîte aux lettres

bağ
jardin

qonaq otağı

salon

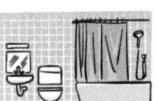

hamam otağı

salle de bain

mətbəx

cuisine

yataq otağı

chambre à coucher

uşaq otaqı

chambre d'enfant

yemek otağı

salle à manger

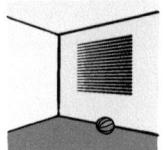

döşəmə

sol

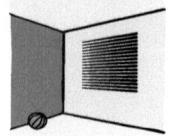

divar

mur

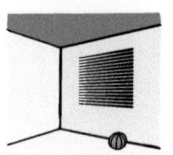

tavan

plafond

zirzəmi

cave

sauna

sauna

balkon

balcon

terras

terrasse

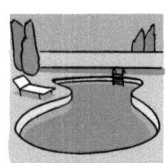

üzgüçülük hovuzu

piscine

otbiçən maşın

tondeuse à gazon

mələfə

housse

yataq örtüyü

couette

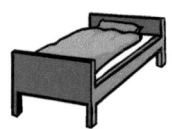

yataq

lit

süpürgə

balai

vedrə

sceau

elektrik açarı

interrupteur

qonaq otağı
salon

divar kağızı
papier peint
şəkil
image
lampa
lampe
rəf
étagère
şkaf
armoire
televiziya
télé
buxarı
cheminée
gül
fleur
yastıq
coussin
divan
sofa
vaza
vase
uzaqdan idarəetmə
télécommande

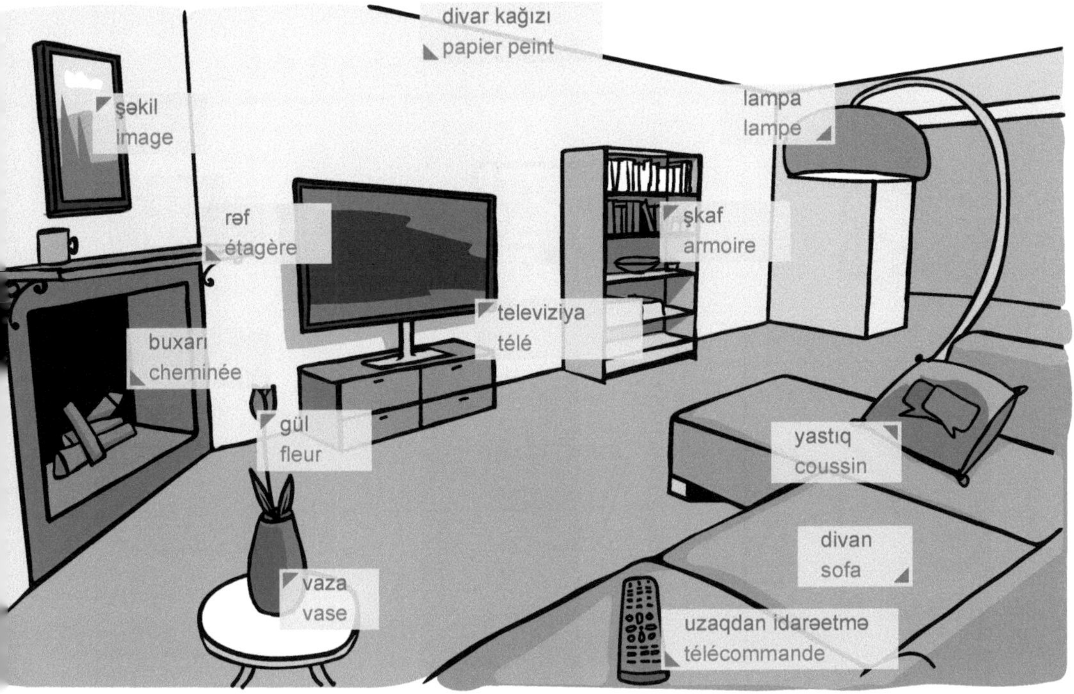

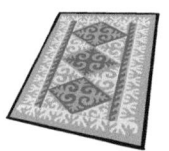

xalça
tapis

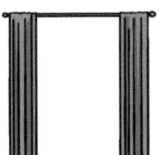

pərdə
rideau

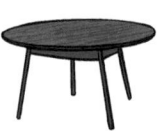

masa
table

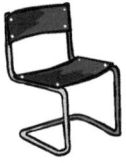

kreslo
chaise

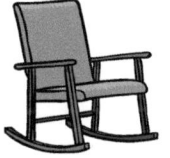

yırğalanan stul
chaise à bascule

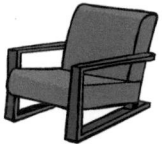

kreslo
fauteuil

kitab

livre

yorğan

couverture

bəzək

décoration

odun

bois de chauffage

film

film

stereo səs sistemi

chaîne hi-fi

açar

clé

qəzet

journal

rəsm əsəri

peinture

plakat

poster

radio

radio

bloknot

bloc-notes

tozsoran

aspirateur

kaktus

cactus

şam

bougie

mətbəx
cuisine

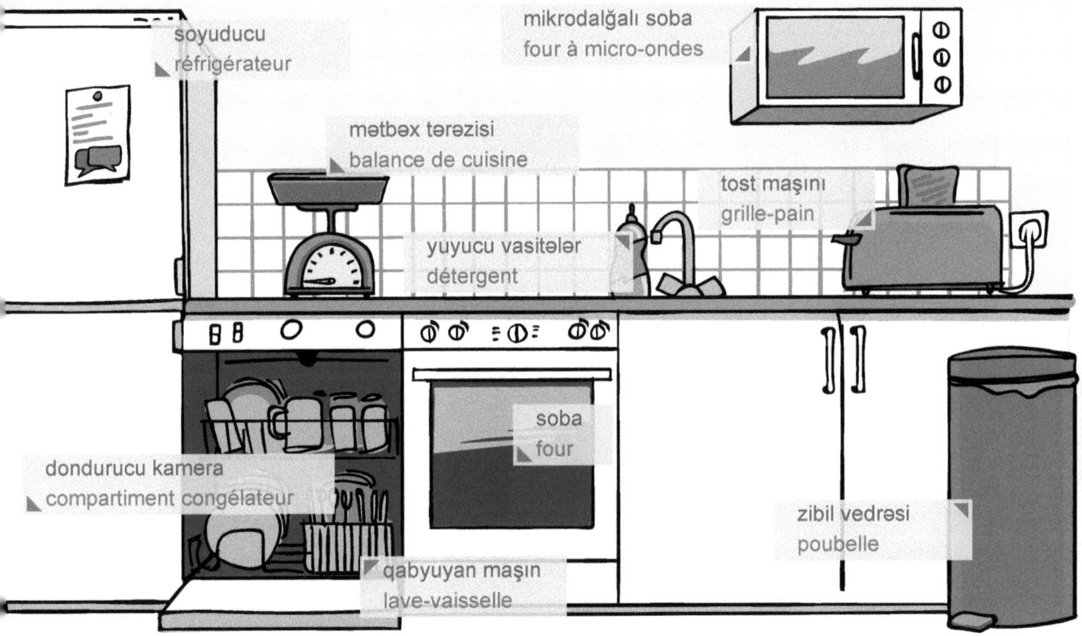

soyuducu
réfrigérateur
mikrodalğalı soba
four à micro-ondes
mətbəx tərəzisi
balance de cuisine
tost maşını
grille-pain
yuyucu vasitələr
détergent
soba
four
dondurucu kamera
compartiment congélateur
zibil vedrəsi
poubelle
qabyuyan maşın
lave-vaisselle

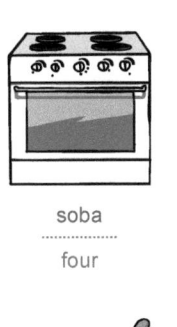

soba
four

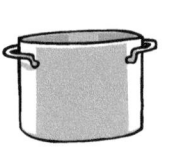

qazan
casserole

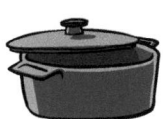

çuqun qazan
marmite

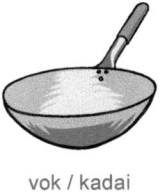

vok / kadai
wok / kadai

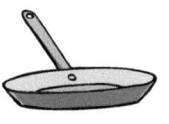

tava
poêle

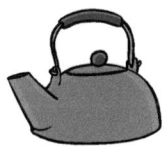

çaydan
bouilloire electrique

buxar qazanı

cuiseur vapeur

sac

plaque de cuisson

qab

vaisselle

fincan

gobelet

ləyən

coupe

yemək üçün çubuqlar

baguettes

çömçə

louche

spatula

spatule

çırpıcı

fouet

süzgəc

passoire

ələk

tamis

sürtgəc

râpe

həvəngdəstə

mortier

barbekyu

barbecue

ocaq

cheminée

doğrama taxtası

planche à découper

oxlov

rouleau à pâtisserie

probkaçıxaran

tire-bouchon

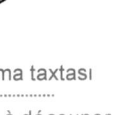

banka

boîte

bankaağzıaçan

ouvre-boîte

qabtutan

maniques

əl üz yuyan

lavabo

fırça

brosse

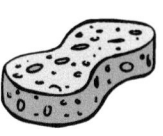

süngər

éponge

blender

mixeur

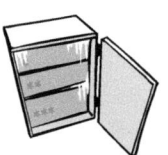

dondurucu

congélateur

körpə şüşəsi

biberon

kran

robinet

mətbəx - cuisine

hamam otağı

salle de bain

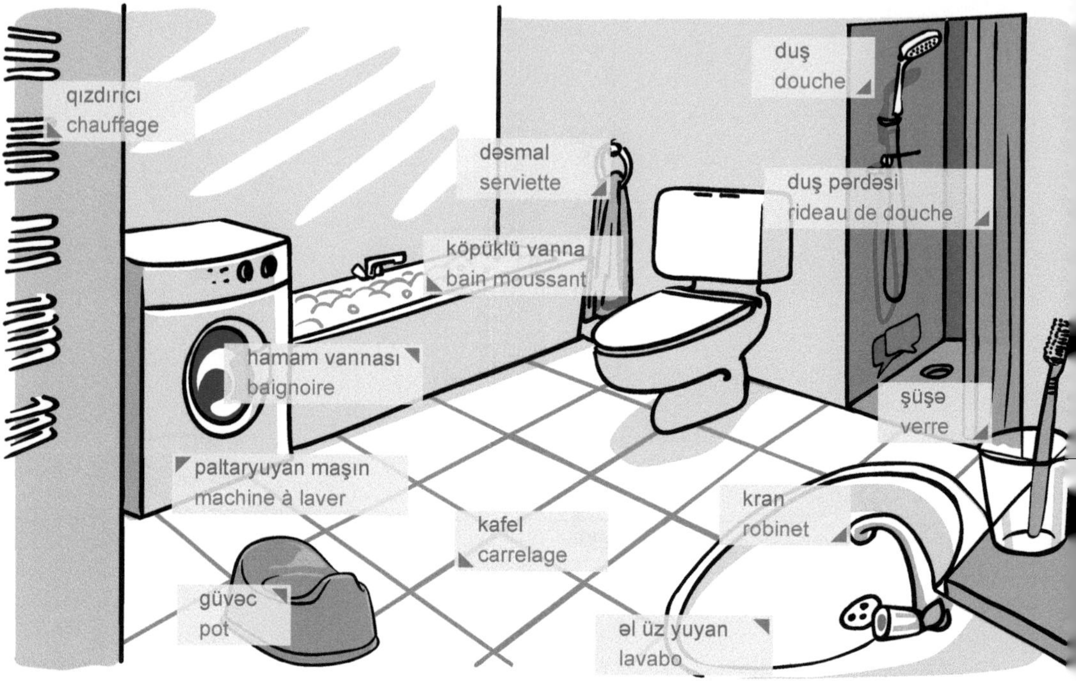

qızdırıcı
chauffage
dəsmal
serviette
duş
douche
duş pərdəsi
rideau de douche
köpüklü vanna
bain moussant
hamam vannası
baignoire
şüşə
verre
paltaryuyan maşın
machine à laver
kran
robinet
kafel
carrelage
güvəc
pot
əl üz yuyan
lavabo

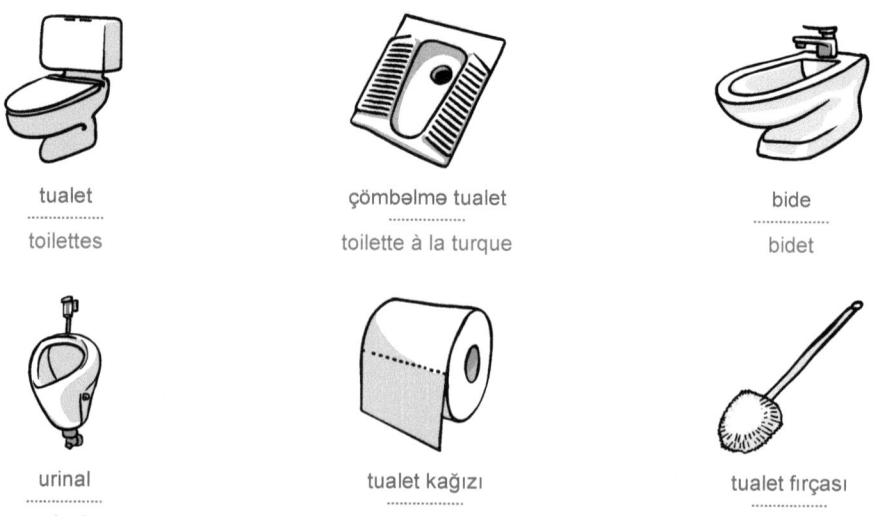

tualet

toilettes

çömbəlmə tualet

toilette à la turque

bide

bidet

urinal

urinoir

tualet kağızı

papier toilette

tualet fırçası

brosse à toilette

diş fırçası

brosse à dents

diş pastası

dentifrice

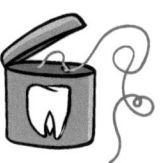

diş ipi

fil dentaire

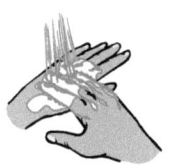

yumaq

laver

əl duşu

douche manuelle

intim duş

douche intime

taz

vasque

bel fırçası

brosse dorsale

sabun

savon

duş üçün gel

gel douche

şampun

shampooing

əsgi

gant de toilette

drenaj

écoulement

krem

crème

dezodorant

déodorant

güzgü

miroir

əl güzgüsü

miroir cosmétique

ülgüc

rasoir

üz qırxmaq üçün köpük

mousse à raser

təraşdan sonra su

après-rasage

daraq

peigne

fırça

brosse

fen

sèche-cheveux

saç spreyi

laque pour cheveux

makiyaj

fond de teint

dodaq boyası

rouge à lèvres

dırnaq lakı

vernis à ongles

pambıq

ouate

dırnaq qayçısı

coupe-ongles

ətir

parfum

gigiyenik torba

trousse de toilette

kətil

tabouret

tərəzi

pèse-personne

hamam xalatı

peignoir

rezin əlcək

gants de nettoyage

tampon

tampon

gigiyenik salfet

serviettes hygiéniques

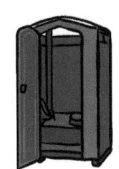

kimyəvi tualet

toilette chimique

uşaq otaqı
chambre d'enfant

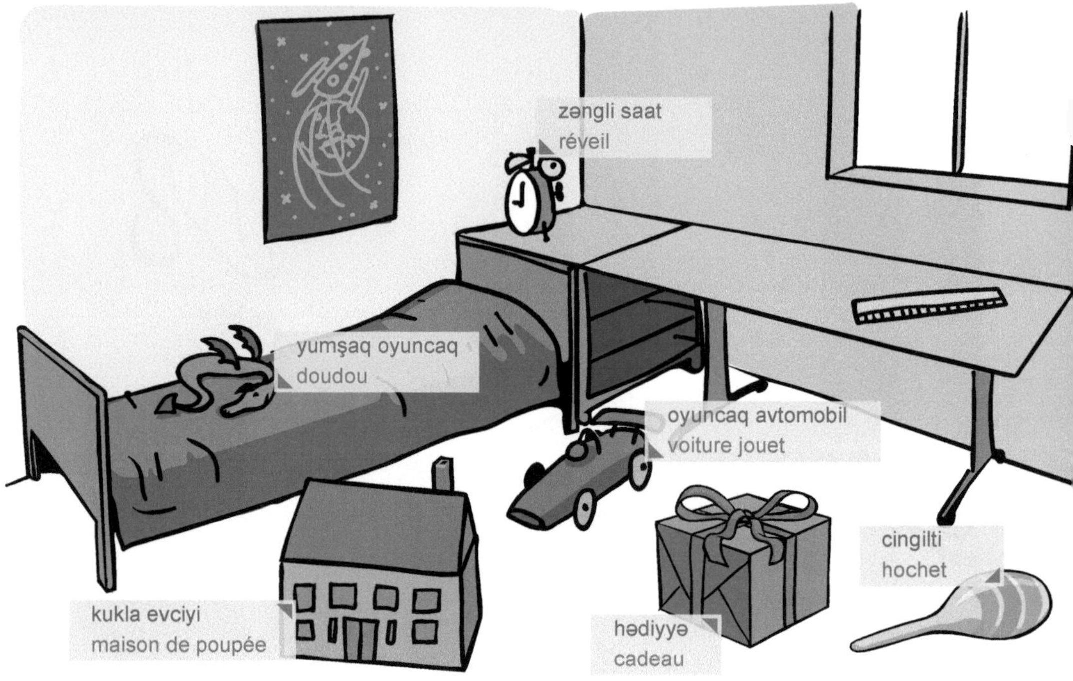

zəngli saat
réveil

yumşaq oyuncaq
doudou

oyuncaq avtomobil
voiture jouet

cingilti
hochet

kukla evciyi
maison de poupée

hədiyyə
cadeau

balon

ballon

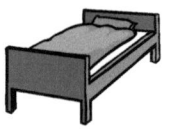

yataq

lit

uşaq arabası

poussette

kart dəsti

jeu de cartes

elektrik mişarı

puzzle

komik

bande dessinée

leqo kərpici

pièces lego

konstruktor blokları

blocs de construction

oyuncaq-personaj

figurine

yeni doğulmuş körpələr
üçün geyimi

grenouillère

frisbi

frisbee

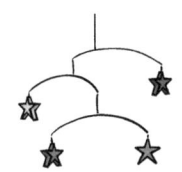

yataq üstünə asılan körpə
oyuncağı

mobile

masaüstü oyun

jeu de société

zər

dé

oyuncaq qatar

train miniature

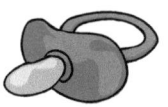

emzik

sucette

qonaqlıq

fête

rəsmli kitab

livre d'images

top

balle

kukla

poupée

oynamaq

jouer

qum qutusu

bac à sable

yelləncək

balançoire

oyuncaqlar

jouets

video oyun konsolu

console de jeu

üç təkərli velosiped

tricycle

plüşdən hazırlanmış oyuncaq ayı

ours en peluche

şkaf

armoire

geyim

vêtements

corab

chaussettes

corab

bas

kalqotka

collant

kaşne
écharpe

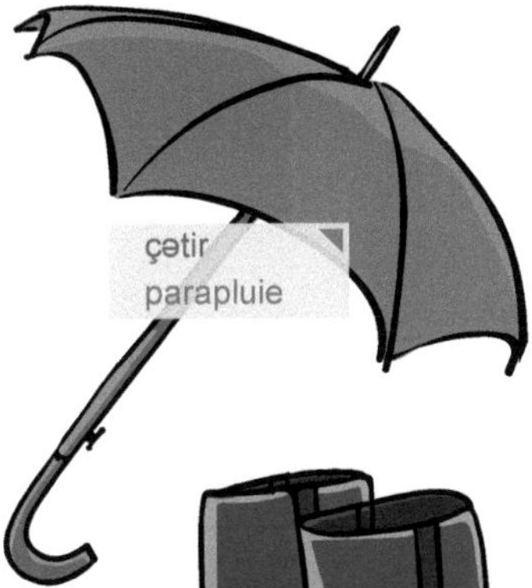

çətir
parapluie

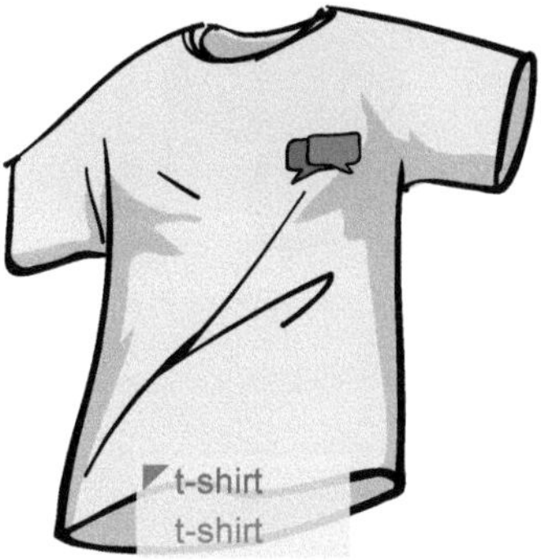

kəmər
ceinture

t-shirt
t-shirt

çəkmə
bottes

idman ayaqqabısı
baskets

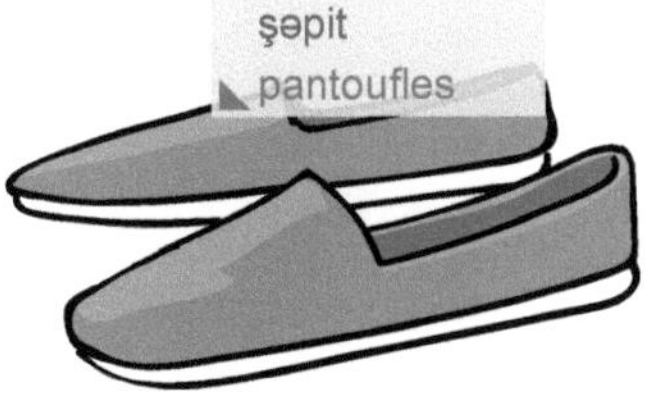

şəpit
pantoufles

sandallar
sandales

ayaqqabı
chaussures

rezin çəkmələr
bottes de caoutchouc

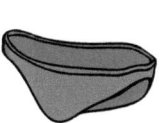

dizlik
sous-vêtements

lifçik
soutien-gorge

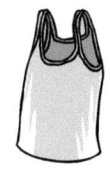

alt köynəyi
maillot de corps

alt paltarı

body

şalvar

pantalon

cins

jean

yubka

jupe

bluza

chemisier

köynək

chemise

sviter

pull

başlıqlı idman gödəkçəsi

sweat à capuche

gödəkçə

veste

gödəkcə

veste

pencək

manteau

plaş

imperméable

kostyum

costume

paltar

robe

gəlin paltarı

robe de mariée

kostyum

costume

gecə köynəyi

chemise de nuit

pijama

pyjama

sari

sari

hicab / eşarp

foulard

çalma

turban

burka

burqa

kaftan

caftan

abaya

abaya

çimərlik geyimi

maillot de bain

tumuş

maillot de bain

şort

short

məşq kostyumu

tenue d'entraînement

önlük

tablier

əlcək

gants

düymə
bouton

eynək
lunettes

bilərzik
bracelet

boyunbağı
collier

üzük
bague

sırğa
boucle d'oreille

papaq
bonnet

asılqan
cintre

papaq
chapeau

qalstuk
cravate

zəncirbənd
fermeture éclair

dəbilqə
casque

aşırma
bretelles

məktəb uniforması
uniforme scolaire

uniforma
uniforme

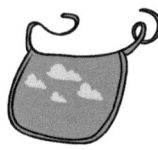

döşlük

bavoir

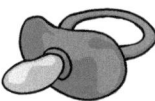

emzik

sucette

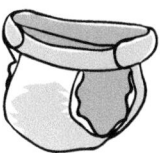

körpə bezi

lange

ofis
bureau

server
serveur
arxiv şkafı
armoire d'archivage
printer
imprimante
kağız
papier
monitor
écran
siçan
souris
iş masası
bureau
qovluq
classeur
klaviatura
clavier
stul
chaise
zibil qutusu
corbeille à papier
kompyuter
ordinateur

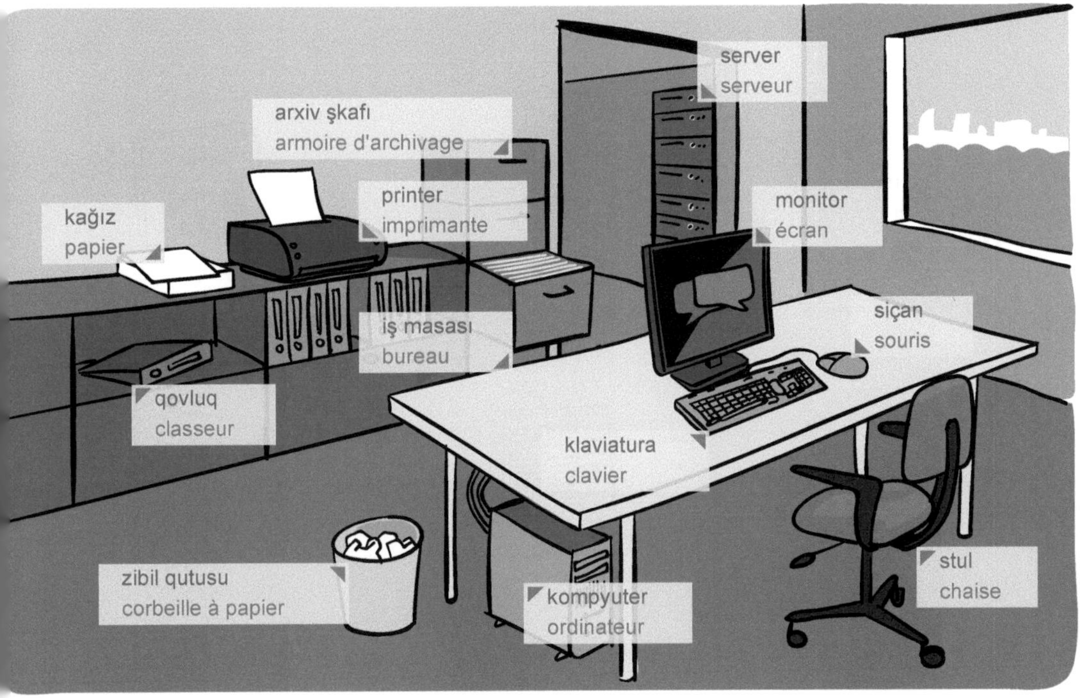

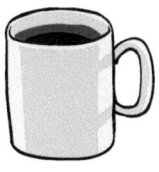

qəhvə fincanı

tasse de café

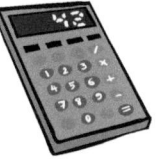

kalkulyator

calculatrice

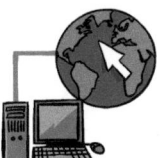

internet

internet

laptop

ordinateur portable

məktub

lettre

mesaj

message

mobil telefon

portable

şəbəkə

réseau

surətçıxaran maşın

photocopieuse

proqram təminatı

logiciel

telefon

téléphone

ştepsel

prise

faks

fax

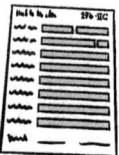

forma

formulaire

sənəd

document

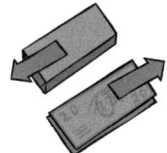

satın almaq

acheter

ödəmək

payer

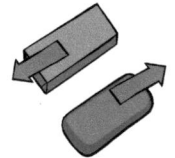

alverlə məşğul olmaq

faire du commerce

pul

monnaie

 USD

dollar

dollar

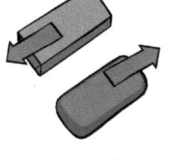 EUR

avro

euro

 JPY

yen

yen

 RUB

rubl

rouble

 CHF

frank

franc suisse

 CNY

renminbi yuan

renminbi yuan

 INR

rupi

roupie

bankomat

distributeur automatique

valyuta mübadiləsi
məntəqəsi

bureau de change

qızıl

or

gümüş

argent

neft

pétrole

enerji

énergie

qiymət

prix

müqavilə

contrat

vergi

taxe

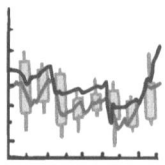

səhm

action

işləmək

travailler

işçi

employé

işəgötürən

employeur

fabrik

usine

dükan

magasin

iqtisadiyyat - économie

peşə

professions

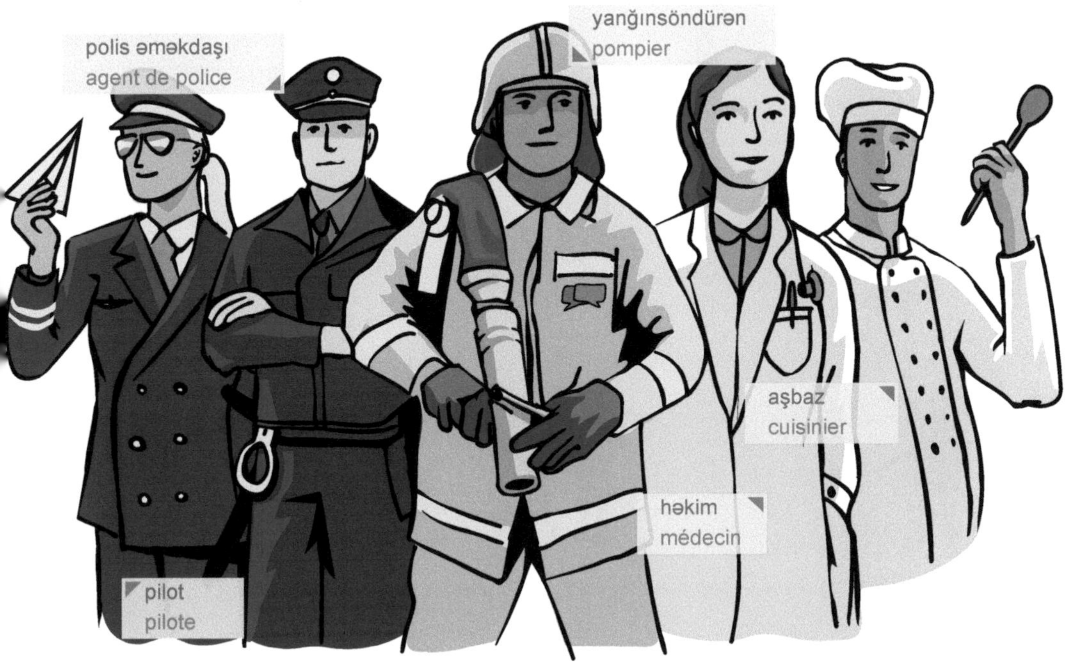

polis əməkdaşı
agent de police
yanğınsöndürən
pompier
aşbaz
cuisinier
həkim
médecin
pilot
pilote

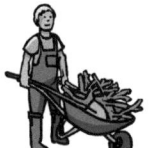

bağban

jardinier

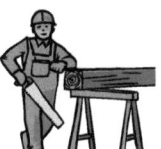

dülgər

menuisier

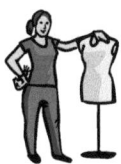

dərzi

couturière

hakim

juge

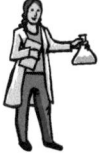

kimyaçı

chimiste

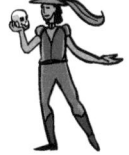

aktyor

acteur

avtobus sürücüsü

conducteur de bus

taksi sürücüsü

chauffeur de taxi

balıqçı

pêcheur

xadimə

femme de ménage

dam işçisi

couvreur

ofisiant

serveur

ovçu

chasseur

rəssam

peintre

çörəkçi

boulanger

elektrik ustası

électricien

inşaat işçisi

ouvrier

mühəndis

ingénieur

qəssab

boucher

santexnik

plombier

poçtalyon

facteur

əsgər
soldat

memar
architecte

kassir
caissier

gül-çiçək satıcısı
fleuriste

bərbər
coiffeur

konduktor
contrôleur

mexanik
mécanicien

kapitan
capitaine

diş həkimi
dentiste

alim
scientifique

ravvin
rabbin

imam
imam

rahib
moine

keşiş
prêtre

alətlər
outils

çəkic
marteau
kəlbətin
pinces
vintaçan
tournevis
fənər
torche
qayka açarı
clé

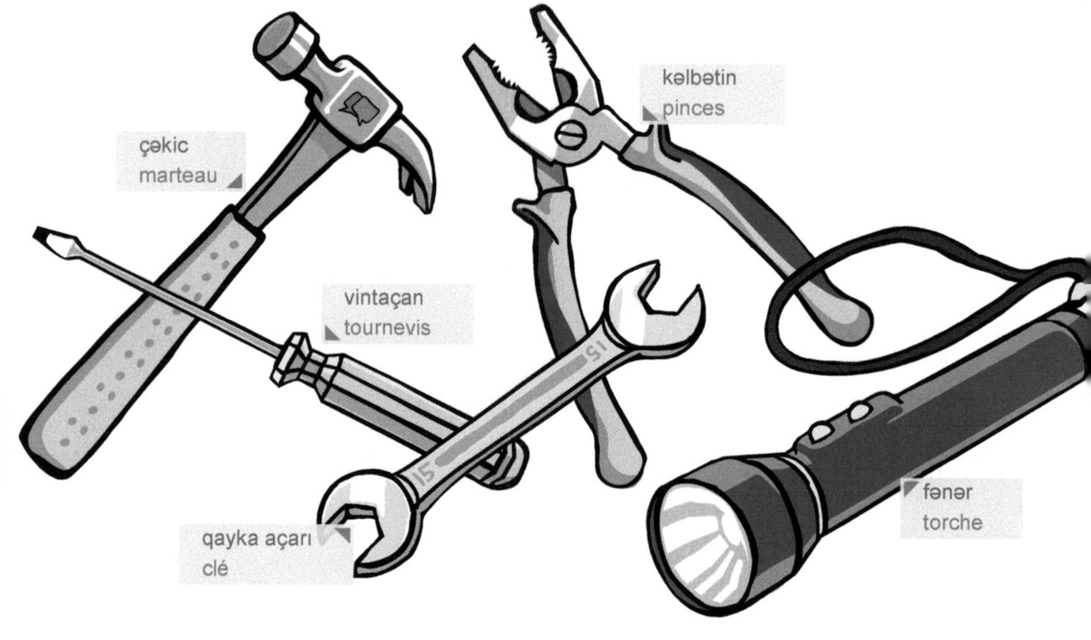

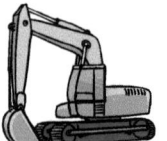

ekskavator

pelleteuse

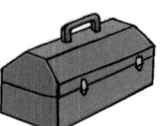

alətlər qutusu

boîte à outils

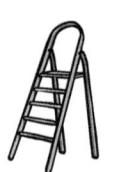

nərdivan

échelle

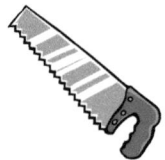

mişar

scie

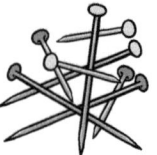

dırnaqlar

clous

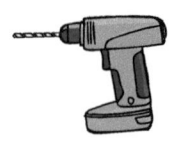

drel

perceuse

təmir etmək

réparer

kürək

pelle

Lənət olsun!

Mince !

xəkəndaz

pelle

boya vedrəsi

pot de peinture

vintlər

vis

musiqi alətləri
instruments de musique

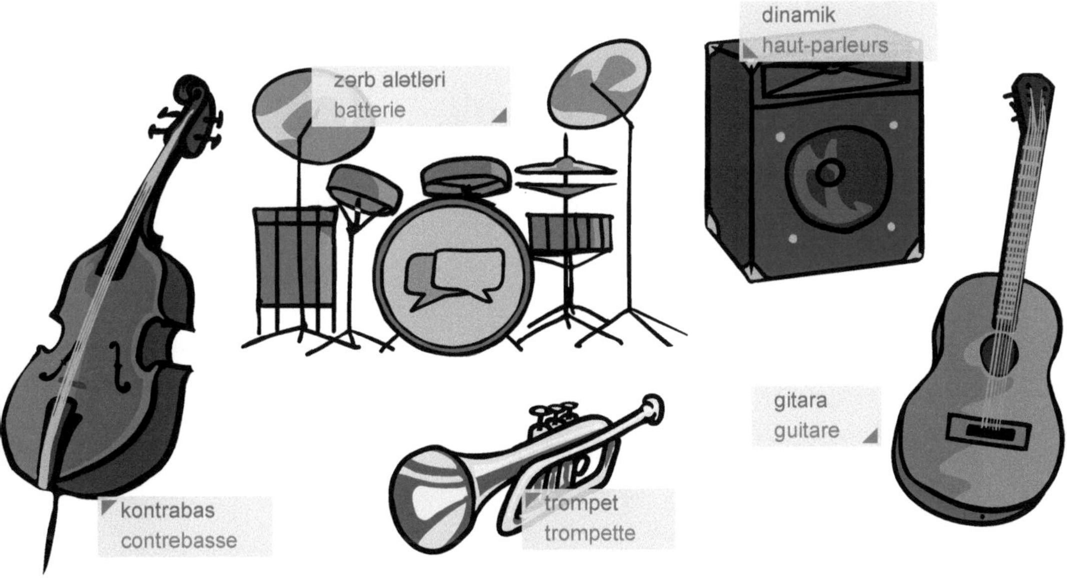

zərb alətləri
batterie

dinamik
haut-parleurs

gitara
guitare

kontrabas
contrebasse

trompet
trompette

fortepiano

piano

skripka

violon

bas

basse

timpani

timbales

nağara

tambour

sintezator

piano électrique

saksafon

saxophone

fleyta

flûte

mikrofon

microphone

zoopark

zoo

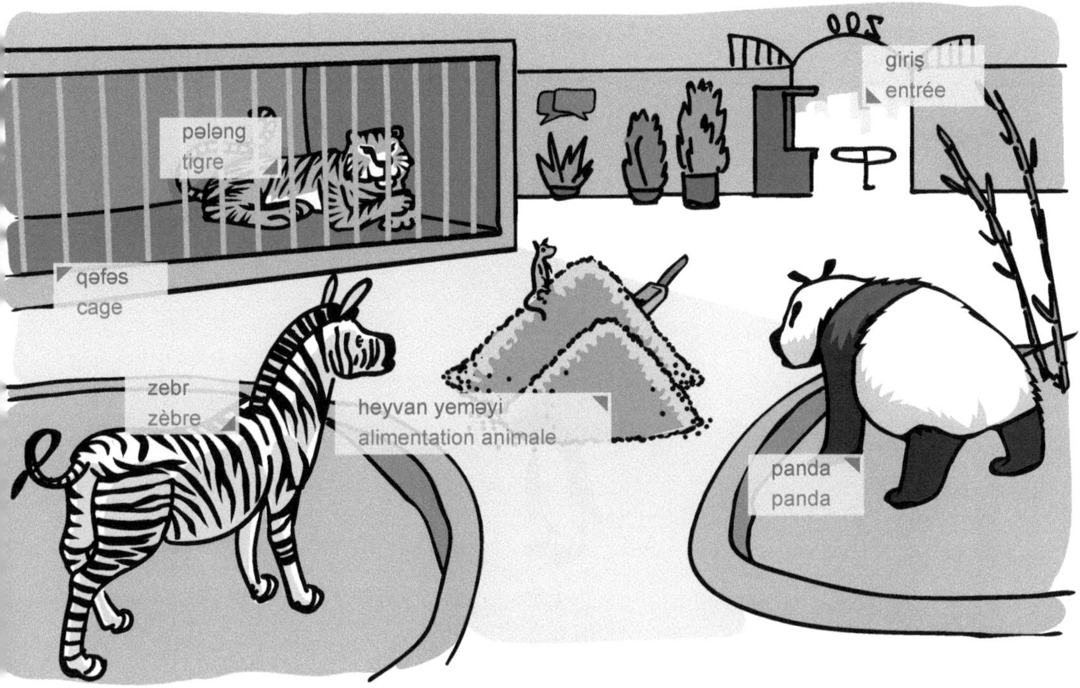

pələng
tigre
giriş
entrée
qəfəs
cage
zebr
zèbre
heyvan yeməyi
alimentation animale
panda
panda

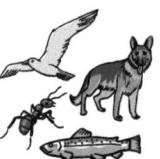

heyvanlar

animaux

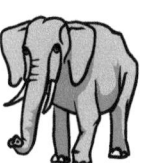

fil

éléphant

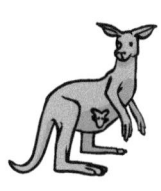

kenquru

kangourou

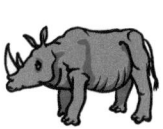

kərgədan

rhinocéros

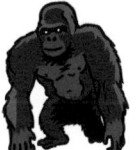

qorilla

gorille

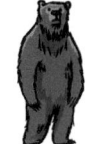

ayı

ours

dəvə

chameau

dəvəquşu

autruche

aslan

lion

meymun

singe

flamingo

flamand rose

tutuquşu

perroquet

qütb ayısı

ours polaire

pinqvin

pingouin

köpəkbalığı

requin

tovuz

paon

ilan

serpent

timsah

crocodile

zoopark işçisi

gardien de zoo

suiti

phoque

yaquar

jaguar

poni

poney

bəbir

léopard

hippopotam

hippopotame

zürafə

girafe

qartal

aigle

qaban

sanglier

balıq

poisson

tısbağa

tortue

morj

morse

tülkü

renard

ceyran

gazelle

amerikan futbolu
american Football

velosiped sürmək
cyclisme

tennis
tennis

basketbol
basket-ball

üzgüçülük
natation

buz xokkeyi
hockey sur glace

boks
boxe

futbol	badminton	yüngül atletika
football	badminton	athlétisme

həndbol	xizək	polo
handball	ski	polo

fəaliyyət
activités

gülmək
rire
tullanmaq
sauter
quсaqlaşmaq
embrasser
getmək
marcher
oxumaq
chanter
yuxu qörmək
rêver
dua etmək
prier
öpüşmək
faire la bise

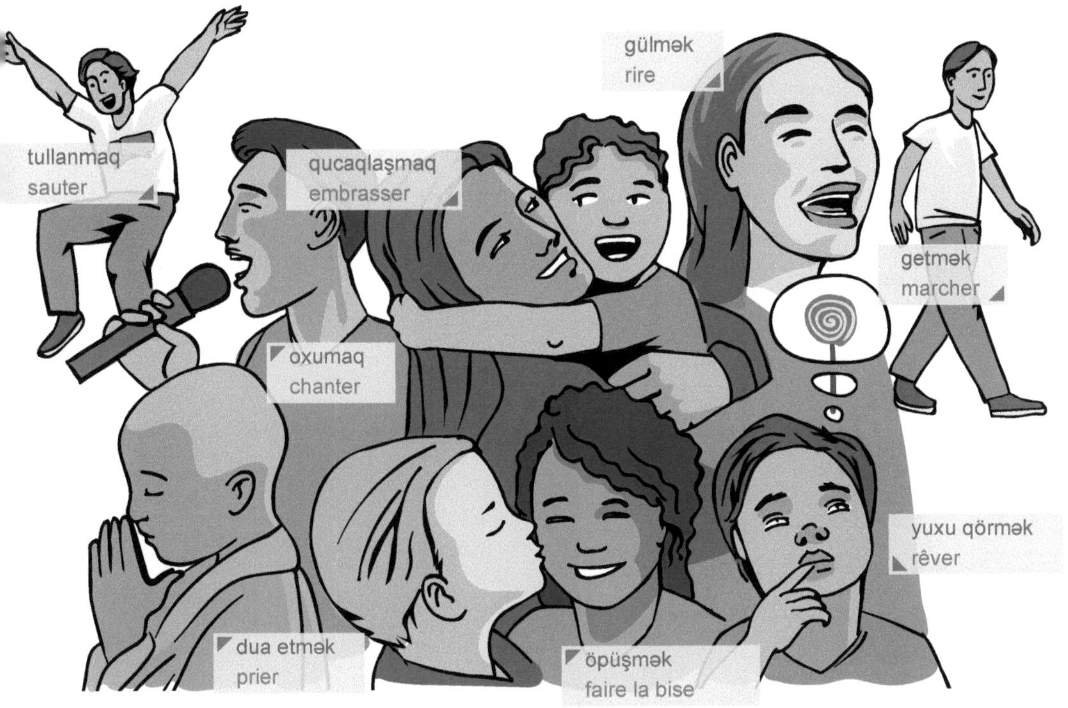

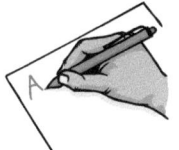

yazmaq

écrire

çəkmək

dessiner

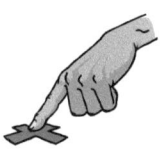

göstərmək

montrer

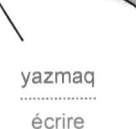

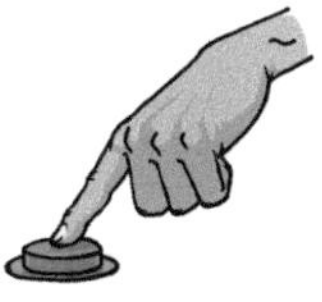

itələmək

pousser

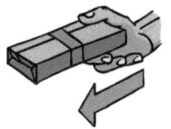

vermək

donner

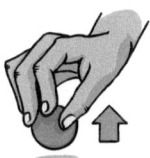

götürmək

prendre

sahibi olmaq

avoir

etmək

faire

olmaq

être

durmaq

être debout

qaçmaq

courir

çəkmək

trier

atmaq

jeter

düşmək

tomber

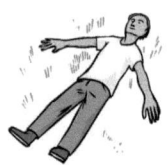

uzanmaq

être couché

gözləmək

attendre

daşımaq

porter

oturmaq

être assis

geyinmək

s'habiller

yatmaq

dormir

ayılmaq

se réveiller

baxmaq

regarder

ağlamaq

pleurer

sığallamaq

caresser

daramaq

peigner

danışmaq

parler

anlamaq

comprendre

soruşmaq

demander

dinləmək

écouter

içmək

boire

yemək

manger

təmizləmək

ranger

sevmək

aimer

bişirmək

cuire

sürmək

conduire

uçmaq

voler

üzmək

faire de la voile

hesablamaq

calculer

oxumaq

lire

öyrənmək

apprendre

işləmək

travailler

evlənmək

se marier

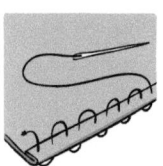

tikmək

coudre

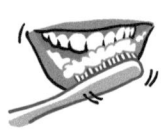

dişləri təmizləmək

brosser les dents

öldürmək

tuer

siqaret çəkmək

fumer

göndərmək

envoyer

nənə
grand-mère

baba
grand-père

ata
père

ana
mère

körpə
bébé

qız
fille

oğul
fils

qonaq

hôte

xala/bibi

tante

əmi/dayı

oncle

qardaş

frère

bacı

sœur

bədən

corps

alın
front
göz
œil
çiyin
épaule
barmaq
doigt
üz
visage
buxaq
menton
əl
main
döş
poitrine
ayaq
jambe
qol
bras

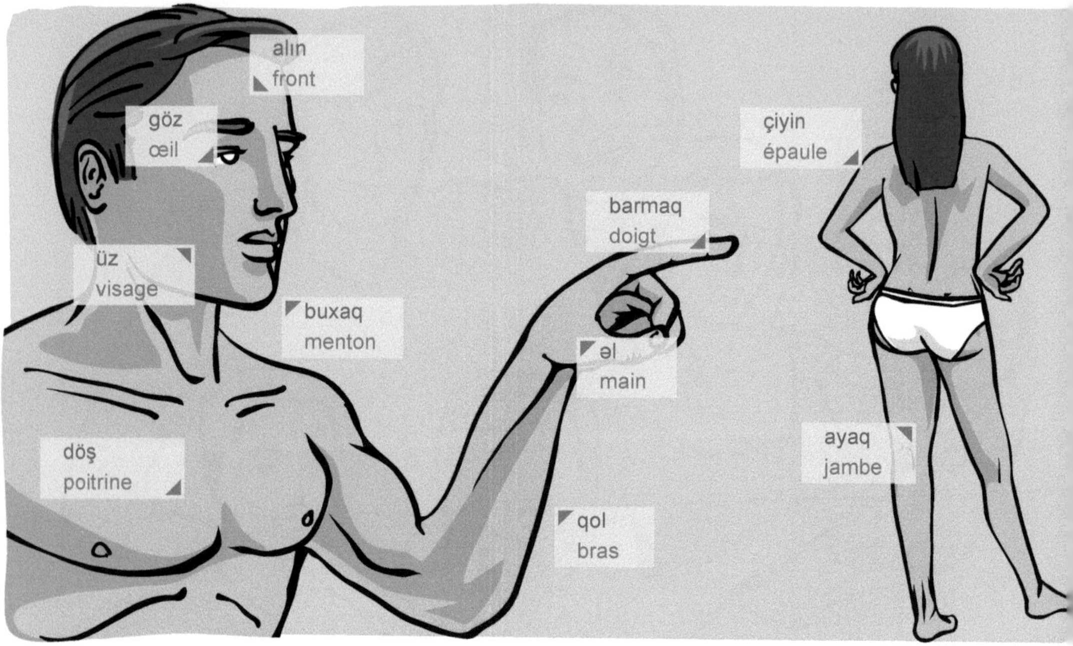

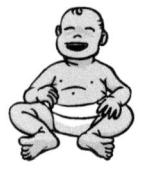

körpə

bébé

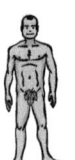

kişi

homme

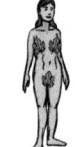

qadın

femme

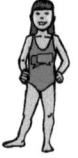

qız

fille

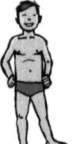

oğlan

garçon

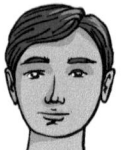

baş

tête

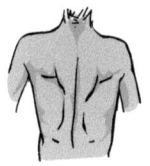

bel
dos

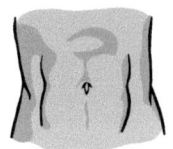

qarın
ventre

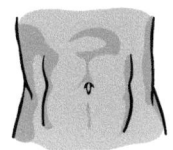

göbək
nombril

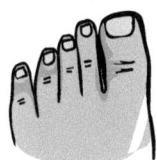

ayaq barmağı
orteil

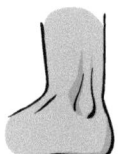

daban
talon

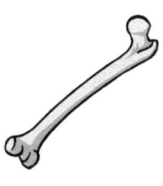

sümük
os

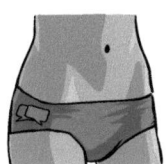

bud
hanche

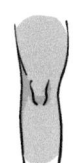

diz
genou

dirsək
coude

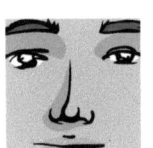

burun
nez

sağrı
fesses

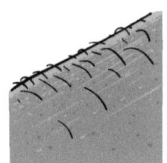

dəri
peau

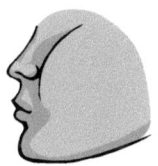

yanaq
joue

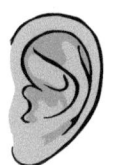

qulaq
oreille

dodaq
lèvre

bədən - corps

ağız

bouche

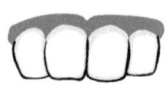

diş

dent

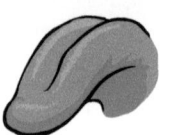

dil

langue

beyin

cerveau

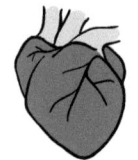

ürək

cœur

əzələ

muscle

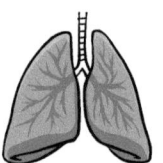

ağciyər

poumons

qaraciyər

foie

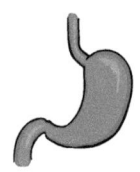

mədə

estomac

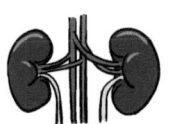

böyrəklər

reins

cinsi yaxınlıq

rapport sexuel

kondom

préservatif

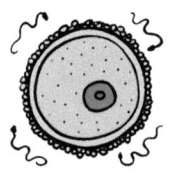

qadın cinsi hüceyrə

ovule

sperma

sperme

hamiləlik

grossesse

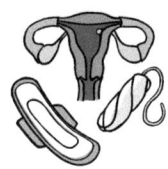

aybaşı
menstruation

vagina
vagin

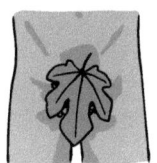

penis
pénis

qaş
sourcil

saç
cheveux

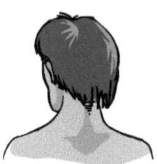

boyun
cou

xəstəxana

hôpital

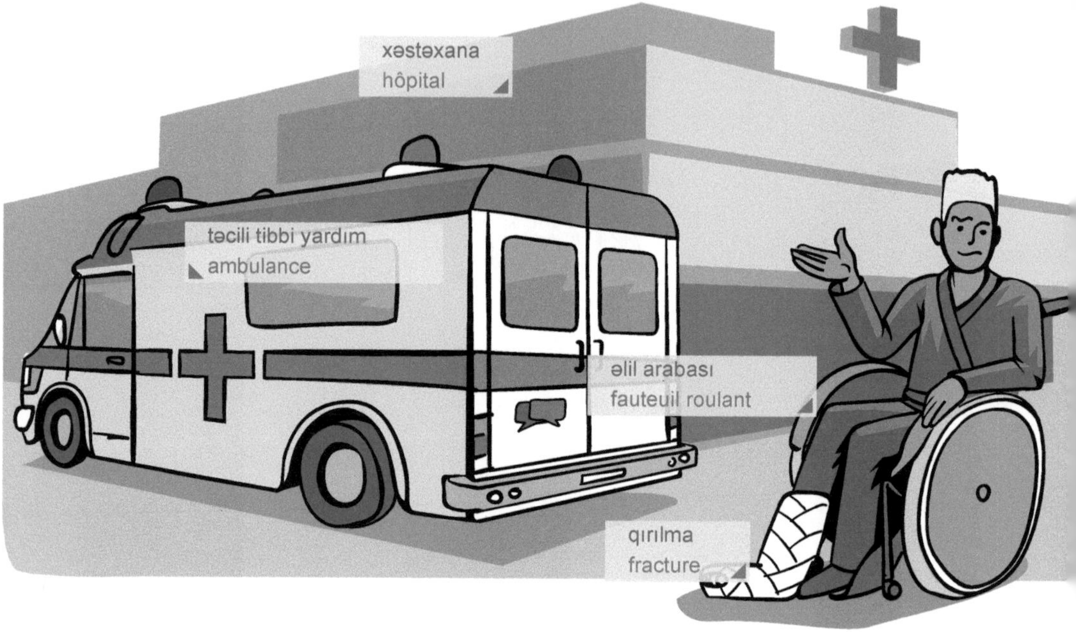

xəstəxana
hôpital
təcili tibbi yardım
ambulance
əlil arabası
fauteuil roulant
qırılma
fracture

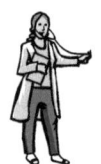

həkim

médecin

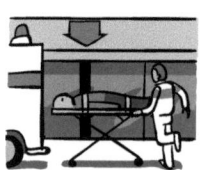

reanimasiya şöbəsi

service des urgences

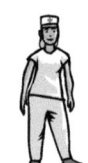

tibb bacısı

infirmière

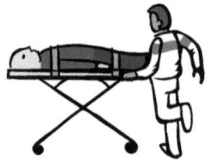

fövqəladə hallar

urgence

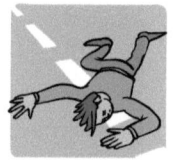

huşunu itirmiş

inconscient

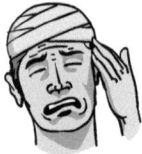

ağrı

douleur

zədə

blessure

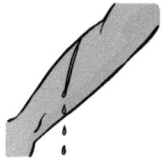

qanaxma

hémorragie

infarkt

crise cardiaque

insult

attaque cérébrale

allergiya

allergie

öskürək

toux

qızdırma

fièvre

qrip

grippe

ishal

diarrhée

başağrısı

mal de tête

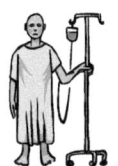

xərçəng

cancer

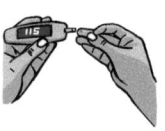

şəkərli diabet

diabète

cərrah

chirurgien

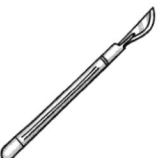

neştər

scalpel

əməliyyat

opération

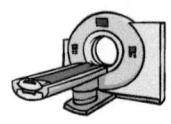

CT

CT

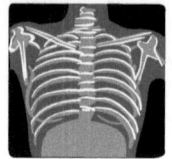

rentgen

radiographie

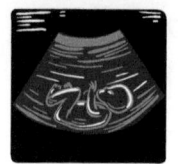

ultrasəs

échographie

maska

masque

xəstəlik

maladie

gözləmə otağı

salle d'attente

qoltuqağacı

béquille

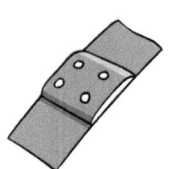

plaster

pansement

sarğı

pansement

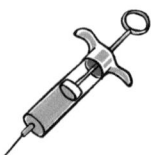

inyeksiya

injection

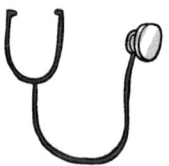

steteskop

stéthoscope

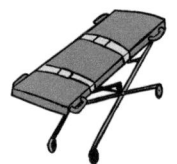

xərək

brancard

hərarətölçən

thermomètre

doğum

accouchement

çəki artıqlığı

surcharge pondérale

eşitmə aparatı

appareil auditif

dezinfeksiyaedici

désinfectant

infeksiya

infection

virus

virus

QİÇS

VIH / sida

tibb

médicament

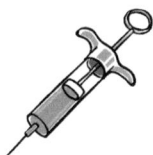

peyvənd

vaccination

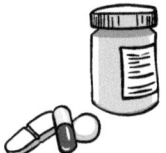

həblər

comprimés

həb

pilule

təcili zəng

appel d'urgence

qan təzyiqini ölçmək üçün cihaz

tensiomètre

xəstə / sağlam

malade / sain

xəstəxana - hôpital

Kömək edin!

Au secours !

həyəcan siqnalı

alarme

basqın

assaut

hücum

attaque

təhlükə

danger

ehtiyat çıxışı

sortie de secours

Yanğın!

Au feu!

odsöndürən

extincteur

qəza

accident

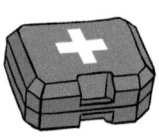

ilkin yardım qutus

trousse de premier secours

SOS

SOS

polis

police

Avropa

Europe

Şimali Amerika

Amérique du Nord

Cənubi Amerika

Amérique du Sud

Afrika

Afrique

Asiya

Asie

Avstraliya

Australie

Atlantik

Océan atlantique

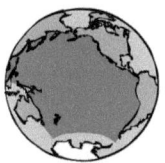

Sakit Okean

Océan pacifique

Hind okeanı

Océan indien

Antarktika Okeanı

Océan antarctique

Şimal Buzlu okeanı

Océan arctique

Şimal qütbü

pôle nord

Cənub qütbü

pôle sud

Antarktika

Antarctique

Yer kürəsi

terre

ölkə

pays

dəniz

mer

ada

île

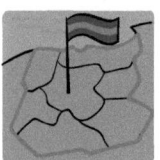

millət

nation

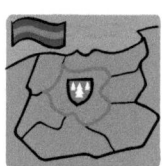

dövlət

état

siferblat

cadran

saat əqrəbi

aiguille des heures

dəqiqə əqrəbi

aiguille des minutes

saniyə əqrəbi

aiguille des secondes

Saat neçədir?

Quelle heure est-il ?

gün

jour

vaxt

temps

indi

maintenant

rəqəmsal saat

montre digitale

dəqiqə

minute

saat

heure

həftə

semaine

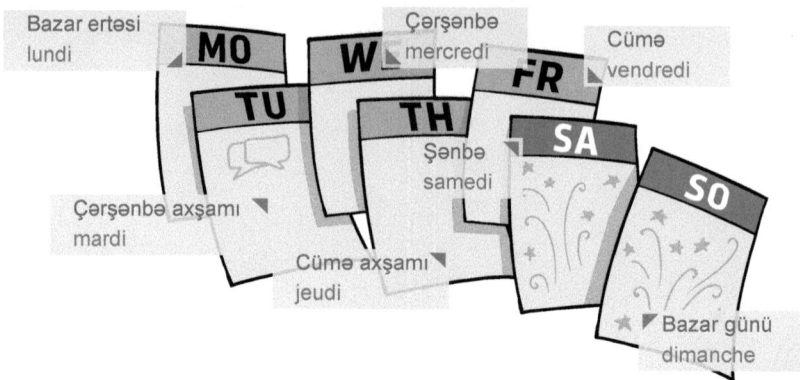

Bazar ertəsi
lundi

MO

W Çərşənbə
mercredi

FR Cümə
vendredi

TU

TH

SA

Şənbə
samedi

SO

Çərşənbə axşamı
mardi

Cümə axşamı
jeudi

Bazar günü
dimanche

dünən

hier

bugün

aujourd'hui

sabah

demain

səhər

matin

günorta

midi

axşam

soir

MO	TU	WE	TH	FR	SA	SU
1	2	3	4	5	6	7
8	9	10	11	12	13	14
15	16	17	18	19	20	21
22	23	24	25	26	27	28
29	30	31	1	2	3	4

iş günü

jours ouvrables

MO	TU	WE	TH	FR	SA	SU
1	2	3	4	5	6	7
8	9	10	11	12	13	14
15	16	17	18	19	20	21
22	23	24	25	26	27	28
29	30	31	1	2	3	4

həftə sonu

week-end

il
année

yağış
pluie
göy qurşağı
arc-en-ciel
külək
vent
qar
neige
yaz
printemps
yay
été
payız
automne
qış
hiver

4.APRIL 11°
5.APRIL 4°
6.APRIL 13°
7.APRIL 8°
8.APRIL 10°

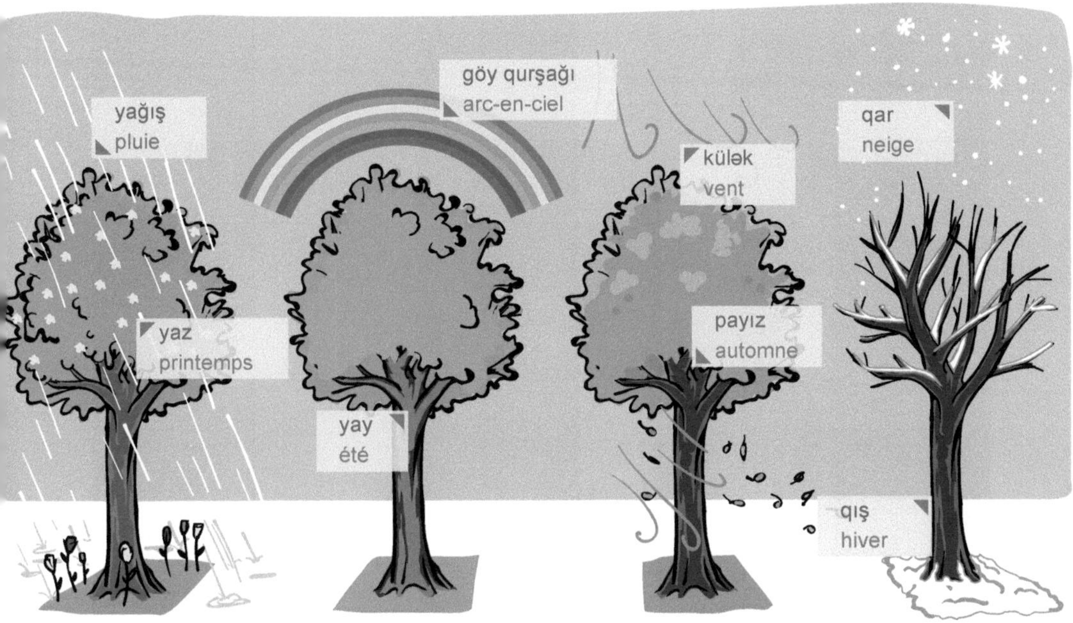

hava proqnozu

météo

F C
120 90 60 30 0 -30
40 30 20 10 0 -10 -20

termometr

thermomètre

günəş işığı

lumière du soleil

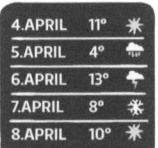

bulud

nuage

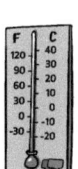

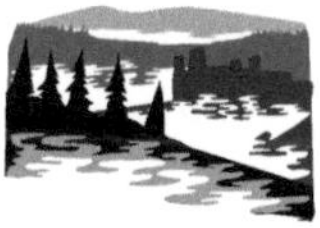

duman

brouillard

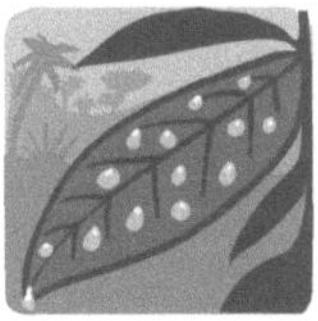

rütubət

humidité

ildırım
....
foudre

göy gurultusu
....
tonnerre

fırtına
....
tempête

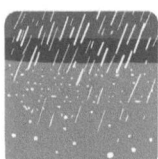

dolu
....
grêle

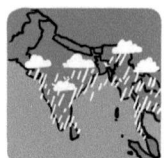

musson
....
mousson

daşqın
....
inondation

buz
....
glace

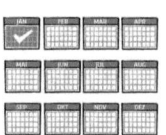

yanvar
....
janvier

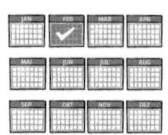

fevral
....
février

mart
....
mars

aprel
....
avril

may
....
mai

iyun
....
juin

iyul
....
juillet

avqust
....
août

sentyabr

septembre

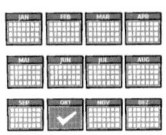

oktyabr

octobre

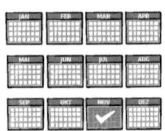

noyabr

novembre

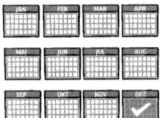

dekabr

décembre

dairə

cercle

kvadrat

carré

düzbucaqlı

rectangle

üçbucaq

triangle

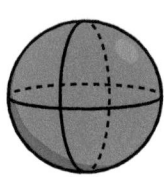

kürə

sphère

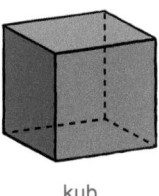

kub

cube

rənglər
couleurs

ağ

blanc

sarı

jaune

narıncı

orange

çəhrayı

rose

qırmızı

rouge

bənövşəyi

violet

mavi

bleu

yaşıl

vert

palıdı

marron

boz

gris

qara

noir

çox / az

beaucoup / peu

qeyzli / sakit

fâché / calme

yaraşıqlı / eybəcər

joli / laid

başlanğıc / son

début / fin

böyük / kiçik

grand / petit

işıqlı / qaranlıq

clair / obscure

qardaş / bacı

frère / soeur

təmiz / kirli

propre / sale

tam / natamam

complet / incomplet

gündüz / gecə

jour / nuit

ölü / diri

mort / vivant

geniş / dar

large / étroit

yemeli / yeyilməyən

comestible / incomestible

hirsli / mehriban

méchant / gentil

həyəcanlı / bezmiş

excité / ennuyé

kök / arıq

gros / mince

ilk / son

premier / dernier

dost / düşmən

ami / ennemi

dolu / boş

plein / vide

sərt / yumşaq

dur / souple

ağır / yüngül

lourd / léger

aclıq / susuzluq

faim / soif

xəstə / sağlam

malade / sain

qanunsuz / qanuni

illégal / légal

ağıllı / axmaq

intelligent / stupide

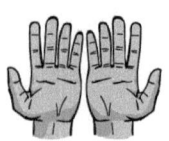

sol / sağ

gauche / droite

yaxın / uzaq

proche / loin

yeni / istifadə edilmiş

nouveau / usé

heç bir şey / bir şey

rien / quelque chose

qoca / gənc

vieux / jeune

açma / bağlama

marche / arrêt

açıq / bağlı

ouvert / fermé

sakit/ bərk

faible / fort

varlı / kasıb

riche / pauvre

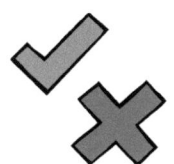

düzgün / səhv

correct / incorrect

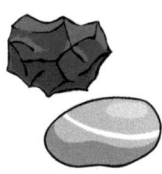

kobud / hamar

rugueux / lisse

kədərli / xoşbəxt

triste / heureux

qısa / uzun

court / long

yavaş / sürətli

lent / rapide

yaş / quru

mouillé / sec

isti / sərin

chaud / froid

müharibə / sülh

guerre / paix

əksinə - oppositions

0

sıfır

zéro

1

bir

un / une

2

iki

deux

3

üç

trois

4

dörd

quatre

5

beş

cinq

6

altı

six

7

yeddi

sept

8

səkkiz

huit

9

doqquz

neuf

10

on

dix

11

on bir

onze

12

on iki

douze

13

on üç

treize

14

on dörd

quatorze

15

on beş

quinze

16

on altı

seize

17

on yeddi

dix-sept

18

on səkkiz

dix-huit

19

on doqquz

dix-neuf

20

iyirmi

vingt

100

yüz

cent

1.000

min

mille

1.000.000

milyon

million

İngilis dili

anglais

İngilis dilinin amerikan variantı

anglais américain

Çin dilinin Mandarin dialekti

chinois mandarin

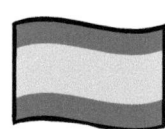

Hind dili

hindi

İspan dili

espagnol

Fransız dili

français

Ərəb dili

arabe

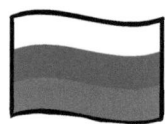

Rus dili

russe

Portuqal dili

portugais

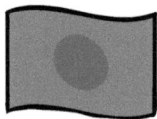

Benqal dili

bengali

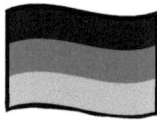

Alman dili

allemand

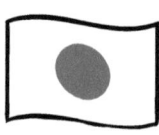

Yapon dili

japonais

mən
je

sən
tu

o / o / o
il / elle / ce, c', cela

biz
nous

siz
vous

onlar
ils / elles

kim?
Qui ?

nə?
Quoi ?

necə?
Comment ?

harada?
Où ?

nə zaman?
Quand ?

ad
nom

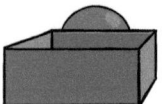

arxadan

derrière

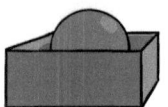

içində

dans

qarşısında

devant

üzərində

au-dessus

dair

sur

altında

en-dessous

yanaşı

à côté de

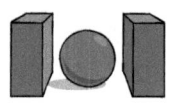

arasında

entre

yer

lieu